Dualseelenliebe
Für immer verbunden

Erika Flickinger

Coverdesign: Design © Erika Flickinger

Kontakt: 66955 Pirmasens

dualseelen.org

Druck: CreateSpace.com

ISBN: 1515048314
ISBN-13: 978-1515048312

Millionen Momente habe ich gelebt,

nur um diesen einen Moment zu finden,

in dem alle anderen bedeutungslos wurden.

Den einen Augenblick, der die Zeit anhält,

diese einzige Sekunde, die zur Ewigkeit wird,

die alles andere aufwiegt und den Himmel öffnet.

Ich habe ihn gefunden … in deinen Augen.

Texte und Gedichte für diese eine große Liebe.

Und im nächsten Leben werde ich genauso tief

in deinen Augen versinken,

um mich völlig darin zu verlieren.

Und ich werde dich noch genauso tief lieben,

wie es meine Seele jetzt tut.

Und ich werde wohl wieder auf der Suche nach mir sein

und dich dabei erkennen.

Vielleicht finden wir uns dann an einem Ort wieder,

an dem wir sein können.

© Erika Flickinger

Die Suchende

Ich bin eine Suchende auf dem Pfad der Liebe …

Pilgerin zwischen Gefühlen und Träumen …

Reisende zwischen Sehnsüchten und Visionen …

Suchend nach der Vereinigung unserer Seele …

Sängerin der uralten Melodie unserer Herzen …

Poetin, die Uraltes in eine neue Zukunft schreibt …

Trägerin unserer Äonenalten Wahrheiten.

Ich bin eine Liebende, suchend nach DIR!

Denn wir sind uns schon seit Anbeginn …

Alles und Nichts …

Mysterium und Wahrheit …

Schwäche und Stärke …

Glück und Verderben …

Sonne und Dunkelheit …

Untergang und Wiederauferstehung …

Die tiefste Angst und doch größtes Glück.

Wir lassen unsere Welt einstürzen …

und gebären daraus ein neues Universum.

Wir sind alles, was Wir seit Urzeiten suchen …

und alles, was Wir für die Zukunft finden.

Wir sind unser heiliger Gral dieser Liebe.

Wir sind unsere Suche – unsere Reise – unser Ziel.

Wir sind eine Seele auf zwei Wegen.

ICH bin DU … Du bist ICH

Seelenmelodie

Und zwischen all den Menschen …

dem lauten Leben …

allen Ereignissen …

um dich herum …

wird deine Seele immer diesen einen

Ton vernehmen,

der nur für dich singt.

Diese eine Melodie, die nur zwei einzelne

Seelen füreinander singen.

Wenn Du der Liebe vertraust,

wird sie dich durch all den Lärm des Lebens

zielsicher führen, um eure Melodie

gemeinsam erklingen zu lassen.

Berühre mich

Berühre Mich mit Deiner Seele …

spreche zu Mir, ohne alle Worte …

verspüre Mich, ohne Meine Anwesenheit …

ertaste Mich nur durch Dein Gefühl …

höre Mich wortlos in Deinem Inneren …

verstehe Mich, indem Du in Dich fühlst …

spüre Meine Berührung, ohne Mich zu sehen …

fühle Meine Liebe über die Ferne leuchten …

dann erkennst Du Uns in Deinem Herzen.

Hin zur Vollendung

Alles, was es zu sagen gibt,

wurde schon vor Ewigkeiten gesprochen.

Alles, was gefühlt werden will,

ist in uns und wird von Tag zu Tag neugeboren.

Alles, was es zu (er)leben gibt,

haben wir schon unzählige Male begonnen.

Alles, was es zu tun gilt,

ist all dies aus der Vergangenheit neu zu vereinen.

Alles, was wir verstehen müssen,

ist die Liebe, die in uns die gelebt und umarmt werden will.

Alles, was wir sind und sein werden,

wurde uns mitgegeben, um es zur Vollendung zu führen.

Dich sein lassen

Indem ich dich sein lasse …

nichts an dir verändern möchte …

jedes deiner noch so kleinen Details liebe …

mich an deiner Einzigartigkeit erfreue …

glücklich über deine Individualität bin …

Herzerstaunt über deine Art des Fühlens …

Indem ich Dich einfach nur Dich sein lasse …

finde ich ganz zu meinem eigenen ICH.

Angekommen

Ich bin angekommen,

es gibt nichts mehr zu denken …

zu suchen …

zu vergleichen …

zu wünschen…

zu wollen.

Es gibt nichts mehr,

was es nicht für mich gab.

Es gibt nichts mehr,

was ich nicht schon einmal war.

Es gibt nichts mehr,

was ich nicht schon erlebte.

Es gibt nichts mehr,

was ich noch wollen würde.

Es gibt nichts mehr,

was alles nochmals ändern könnte.

Es gibt nichts mehr,

was zu vermissen wäre.

Denn …

Ich bin angekommen …

in dieser einen Form des Liebens,

die nichts mehr fordert,

außer einfach zu lieben …

und dem Zufriedensein.

Durch dich das Ich gefunden,

und wieder verloren habe,

den Ich geliebt habe,

und deshalb gehen ließ …

bin Ich angekommen …

in der Liebe …

im Vertrauen in meine Wege …

im Wissen, dass alles Sinn ergibt,

im Glauben, meinen Weg zu gehen.

Es gibt nichts mehr,

was meine innere Ruhe stört …

denn ich bin angekommen …

voller Demut zum Leben und der Liebe …

ohne Dich, doch letztendlich durch Dich …

Bei Dir … Bei Uns … Bei Mir!

Wurzeln schlagen

Es gibt Seelen, die so plötzlich
in deinem Leben erscheinen,
dich aufwühlen wie einen brachliegenden Acker,
dem neue Lebenskraft gegeben wird,
was sehr schmerzhaft sein kann.
Seelen, die dein Gefühlsleben
von oben nach unten drehen
und dich dann einfach zurückfallen lassen.
Zurück in Dich selbst.
Doch haben sie mit ihrem Aufwühlen
den Boden vorbereitet,
der vorher verhärtet und verwuchert war.
Auf ihm können nun die Gefühle gedeihen
und Wurzeln schlagen, die Dir ein liebendes Herz
schon lange schenken möchte.

Dieser Mensch

Und dann steht er da,

dieser Mensch …

der dein Innerstes ohne Worte erspürt,

der deine Zerbrechlichkeit

in Blicke aus Zartheit hüllt,

der deiner Stille verstehend lauscht.

Dieser Mensch …

der deine uralten Narben aufreißt

und dir die Wunden von der Seele küsst,

der Dir wortlos Bilder der Zukunft zeichnet,

die gemeinsame Melodie mit Worten füllt.

Dieser Mensch …

der deinen Herzensraum betreten kann,

ohne Mauern einzureißen,

weil für ihn keine Hürden in Dir existieren.

Und dann steht er da,

dieser Mensch …

der in deinen Tiefen und der Dunkelheit

dein einzigartiges Licht erkennt,

und es zärtlich mit seinem aus Dir erhebt.

Und dann steht er da,

dieser Mensch …

bei dem Du dich einfach fallen lässt,

weil Du mit den Flügeln der Liebe

aufgefangen

umhüllt

und davongetragen wirst …

um neben ihm stehend neue Wege zu gehen.

Ich habe geliebt

Ich habe geliebt,

so unbeschreiblich geliebt,

und liebe immer noch.

Doch kam da dieser kurze Moment,

da sah ich Dich so klar und deutlich …

in deinem Sein.

Dieser Augenblick, da Ich fühlte,

in diesem Dasein bin ich nur ein Stern,

dein Leitstern.

Ich sah und fühlte, dass ich

nur eine Lücke in Dir füllen durfte.

Dass ich in diesem Leben

einfach nur ein Wegweiser für Dich war.

Ich habe Dir Wege gezeigt.

Du fühlst es, doch …

den passenden Weg erfühlen

und gehen musst Du nun alleine.

Ich weiß nun, Dein Weg

wird nicht der Meine sein …

und doch …

es ist der Gleiche.

In diesem Sein ist meine Aufgabe

zwischen uns erfüllt.

Wir sehen uns wieder, an jenem Ort …

hinter unserem Regenbogen!

Die liebende Seele

Weißt Du,

dass eine liebende Seele

Gedanken fühlt,

egal, was der Mund spricht,

sensible Menschen

fühlen die wahre Antwort,

wie ein Flüstern auf der Haut.

Eine wahrhaft liebende Seele

hört mit allen Sinnen,

was hinter Unausgesprochenem atmet.

Einer liebenden Seele

klingen unausgesprochene Worte,

als hörbares Echo

zwischen jedem Schlag des Herzens,

sie flüstern durch ihre Sinne,

wandeln sich dort zu Wissen.

Einer liebenden Seele

kannst Du nichts verschweigen,

sie hört die stummen Worte

deutlicher als die gesprochenen,

denn die Worte leben

in ihrem Herzen …

eine liebende Seele

trägt die Wahrheit in sich.

Was wäre wenn

Was wäre, wenn ich dich nur traf,

um mein Herz wieder an den richtigen

Platz zu setzen, mit Blick auf mich selbst?

Was wäre, wenn ich dich in Frage stellen musste,

um wieder zu mir zu finden,

in meinem eigenen inneren Universum?

Was wäre, wenn nur ich selbst das Ziel

meiner langen Suche nach dir gewesen bin,

um meinen eigenen Weg gehen zu können?

Was wäre, wenn ich dich gesucht und dabei

nur mich und mein Träume,

meinen Seelenweg gefunden habe,

um ihn leichten Herzens weiter zu beschreiten?

Was wäre, wenn ich dich gesucht und dabei

das uralte Wissen gefunden habe,

das Nichts gesucht werden muss,

weil ich alles, was ich brauche, in mir trage?

Was wäre, wenn es immer drei Wahrheiten für uns gäbe,

deine, die meine und unsere,

und wenn jede davon uns auf einen richtigen Weg …

zu unserem wahren Sein führt.

In die Stille gehen

Ich muss nur in die Stille gehen,

die Augen schließen und fühlen,

dann spüre ich deine Berührungen,

sehe deine liebevollen Blicke

und fühle deine Gegenwart.

Egal, wo und wie weit weg Du bist,

oder wo ich bin…

Du bist trotzdem bei mir.

Suche in dir selbst

Denn mit jeder meiner Schwächen …

kannst Du dich mehr in mir finden …

und mit jedem meiner Fehler …

werde ich greifbarer für dich …

wenn Du mit deinem Herzen in mich fühlst …

erkennst Du auch deine Schatten in mir …

wenn Du meine Seele fühlst …

erkennst Du auch dich selbst …

denn meine Tiefen sind auch die deinen …

und meine Finsternis birgt dein Licht in sich …

in meinen Abgründen verbergen sich deine Höhen …

und in meinem Beginn liegt auch dein Anfang verborgen.

Du musst mich nicht suchen, denn

schon immer sind wir

Anfang und Ende …

zwei und doch Eins …

Sonne und Mond …

Gott und Göttin …

Finsternis und Erleuchtung.

Verbunden und Frei …

schon immer nur Eins.

Deshalb …

suche in dir … und finde Uns.

Wo Du auch bist

Wo Du auch bist,

und wer Du auch bist in diesem Leben …

Deine Nähe ist bei mir,

deine Seele flüstert in meinem Herzen.

Wo Ich auch bin, wo ich auch gerade stehe,

ich fühle deine Hand in der meinen.

Ich bin nicht alleine!

Wo Du auch bist jetzt in diesem Sein,

unsere Wege gleichen sich,

unsere Suche ist doch immer auch die des anderen.

Wo ich auch gehe, folge Ich doch nur deinen Spuren,

die seit Urzeiten schon einen Weg zusammengehen.

Du bist nicht alleine!

Wo wir auch sind, sind wir schon immer gemeinsam,

gehen jeder den Weg für den anderen mit,

und wo wir auch gehen,

führen unsere Wege zueinander.

Wir sind nicht alleine …

Wir sind Eins!

In Uns

Wir beide tragen diesen Ort in uns …

der Ort, an dem wir nie getrennt waren …

dieser Flecken in unserem Herzen …

der im Takt des anderen schlägt …

wo unsere gemeinsame Melodie klingt …

da, wo wir Hand in Hand beieinanderstehen …

der Punkt unserer Seele, an dem wir vereint sind …

jener Ort, an dem auch der Neubeginn zu finden ist …

es braucht nur Mut, die Tür zu öffnen.

Ruhig im Herzen

Ruhig war mein Leben,

bevor Du hereingestürmt bist …

mich aufgewühlt und erweckt hast.

Leise wurde mein Leben …

nachdem uralte Erinnerungen

sich mit einem neuen Leben vereinten.

Stille wurde in inneren Lärm getauscht,

ersetzt von Gefühlen, die, sich neu erfindend,

in mir austobten, weinend und schreiend,

bis zu Erschöpfung in mir kämpften …

nachdem Du wortlos davon geweht bist.

Ruhig ist es nun im Herzen geworden,

auf eine neue Art der inneren Stille,

wissend nun um diese Liebe.

Still gehe ich wieder meinen Weg,

noch alleine zwar, doch nicht einsam,

trage ich dich doch im Herzen mit …

in dem nun auch Platz für Neues sein darf.

Gegenwart

Gefühle, die in der Gegenwart

einander erkennen und verschmelzen …

Seelen, die, tausende von Jahren

einander gesucht, sich nun umarmen …

Menschen, die erfüllt von Angst

ihren Gefühlen keine Zukunft schenken.

Ich bin bei Dir

Vielleicht gehe Ich

im Moment meinen Weg,

aufrecht mit Blick nach vorne,

oder ich bin zufrieden

in mich selbst versunken

der Welt entrückt …

doch Ich bin bei Dir.

Vielleicht reise ich gerade

zu meinen Träumen,

oder bin schon lächelnd

ein Stück in der Zukunft,

vielleicht aber laufe ich

vor der Vergangenheit davon …

und doch: Ich bin bei Dir.

Vielleicht erfinde ich mich gerade neu,

lasse alte Masken fallen,

oder lebe nur losgelöst vom Moment,

von der Schwere des Seins,

schwebend in meinen Wünschen …

und doch: Ich bin bei Dir.

Vielleicht bin ich locker und beschwingt,

losgelöst von Erwartungen,

vom Wünschen und Hoffen,

zentriert auf mein Herz,

verspielt, singend und tanzend,

auf den Spuren meiner Zukunft …

und doch: Ich bin bei Dir.

Vielleicht ergebe ich mich

gerade meinen Emotionen,

gehe unter in mir selbst,

erforsche eigene Tiefen,

suche mich erneut in mir.

Und doch die Wahrheit ist …

Ich bin bei dir!

Sehnsucht

Ich hülle mich in meine Sehnsucht ein,

decke mich mit den Gedanken an dich zu,

kuschle mich vertrauensvoll an deine Seele an,

lasse mich von deiner Liebe an die Hand nehmen,

und finde so Nacht um Nacht die Brücke zu jener Welt,

die zu dem Ort unserer Liebe führt, den nur wir beide kennen.

In der Nacht

Wenn Du manchmal nachts erwachst …

war es vielleicht meine Nähe, die Du spürtest.

Wenn Du diese kurze Gänsehaut fühlst …

habe ich dich vielleicht gerade sanft gestreichelt.

Wenn Du mich in deinen Träumen siehst …

war ich vielleicht gerade gefühlt bei dir.

Wenn Du plötzlich an mich denkst …

bin ich vielleicht gerade in Gedanken bei dir.

Wenn Du sanfte Wellen in deinem Inneren fühlst …

umschließen sich vielleicht gerade unsere Seelen.

Wenn Du dieses warme Vibrieren im Herzen fühlst …

umarmen sich vielleicht gerade unsere Herzen.

Und wenn Du nachts wieder einmal erwachst,

weißt Du vielleicht sicher, dass ich da bin.

Zeichen der Liebe

Wenn meine Seele reist,

fühlend in der Zukunft wandelt,

hinterlasse ich meine Spuren,

glitzernd und funkelnd,

wie Staub des Feenvolkes.

Und immer, wenn

leuchtende Pünktchen

vor dir tanzen,

weißt Du genau,

Ich war schon da,

und habe

meine Zeichen der Liebe

für dich hinterlassen.

Uralte Liebe

Es war nicht Liebe auf den ersten Blick …

sondern etwas Uraltes und bis ins Innerste Vertrautes …

es war einen Teil des eigenen Ichs wiedererkennen …

es war ein Finden nach vielen langen Suchen …

es war ankommen, wo man nie weg war …

da, wo man schon immer ein Zuhause hatte …

es war unsere Sehnsucht, die uns finden ließ …

es ist, was schon immer zusammen sein wollte.

Es war und ist Liebe, die schon immer in uns lebte …

Es ist jene uralte Liebe, die uns immer wieder zueinander führt.

Mich verloren

Ich hatte mich verloren ...

in dir ...

in uns ...

in dieser Liebe

und versuche, mich in mir selbst wiederzufinden ...

alles, was ich dort finde, sind deine Spuren ...

und die Veränderungen meines Selbst.

Mich, wie ich einmal war, gibt es nicht mehr.

Und so machte ich mich in mir auf die Suche ...

mich selbst wieder neu zu erfinden...

um doch immer wieder dich bei mir zu finden.

Egal, wohin und wie weit ich mich entferne ...

ich fühle deine Spuren und deine Nähe bei mir.

Und so setzte ich Schritt für Schritt,

auf den vor Ewigkeiten gezeichneten Weg ...

wandle auf den Jahrtausendealten Pfaden weiter …

wenn auch alleine, so doch ohne dich zu verlieren …

denn ich finde beständig deine Spuren überall …

und im Herzen lebt die zufriedene Gewissheit …

dass Wege, die zusammengehören, sich kreuzen werden.

Fühlen

Innehalten …

Fühlen …

deinen Gedanken lauschen …

fallen lassen …

Berührung spüren …

im Vertrauen sein …

Liebe empfangen …

wissen, Du bist immer da.

Diese eine Liebe

Diese Liebe war

für mich …

Erwachen …

Neugeburt …

Auferstehung …

Navigation …

Erleuchtung …

Herzöffner …

Seelenstreichler …

Herzmagnet.

Sie öffnete mein Herz,

erweckte meine Seele,

stürzte meine Mauern,

befreite mein wahres Ich.

All dies nur

durch das Wissen

um dein Sein.

Ich danke dir!

Eine uralte Geschichte

Es ist mir, als kenne ich dich schon immer …

spüre tief in mir unsere Geschichte …

so vieles in den Gefühlen fest notiert, gelebt, geliebt …

zwei alte Seelen, die gemeinsam eine Geschichte formten …

immer noch gefühlt und doch ist es jede Minute so,

als halte ich ein ungeschriebenes Buch in Händen,

welches sich gemeinsam mit uns

mit neuem Leben füllen möchte.

Manchmal

Hörst Du manchmal,

wie meine Seele der deinen zuflüstert?

Spürst Du manchmal,

wie sehr mein Herz von der Liebe spricht?

Fühlst Du manchmal,

wie ich zart zwischendurch deine Hände halte?

Träumst Du manchmal,

von dem geheimen Platz über dem Regenbogen?

Sprichst Du manchmal,

ganz unbemerkt in Gedanken mit mir?

Siehst Du manchmal,

wie meine Augen in deine Seele schauen?

Dann sind unseren Herzen einander doch noch näher,

als wir denken.

Gefühlte Antworten

Du musst mir keine Antworten geben,

denn ich trage diese schon in mir.

Und alles, was Du nicht zu sagen fähig bist,

lebt schon längst deutlich beantwortet in mir.

Schweigend gebe ich dir meine Antworten,

transportiert mit der all Liebe, die in mir lebt.

In den Momenten, in denen Du still in dir bist,

kannst Du meine Worte tief in dir erfühlen …

die auch Du schon lange in dir trägst.

Zwei Sterne

Vielleicht sind wir wie zwei Sterne,

die noch nach Hause finden müssen,

bevor sie sich selbst

und einander finden können.

Jeder seinen eigenen Weg gehend …

jeder suchend nach dieser einen Seele …

in jedes Augenpaar schauend,

um das Erkennen zu finden …

um sich dann doch wieder

auf den einsamen Weg zu machen.

Vielleicht sind wir wie zwei einsame Falter,

die von einer Pflanze zur nächsten flattern,

und in jeder schönen Blume das zu Hause erhoffen,

um dann doch wieder ihre einsamen Bahnen zu ziehen.

Vielleicht denken wir an zu viele Vielleicht …

und so ziehen wir weiter unsere Bahnen,

flattern weiter von Blüte zu Blüte …

mit der ewigen Sehnsucht im Herzen …

in den Augen des anderen sein zu Hause zu erkennen.

Drei Worte

Wenn ich sage „Ich liebe Dich“,

so meine ich damit auch mich.

Wenn ich sage „Ich liebe mich“,

so sage ich dies auch zu Dir.

Und so tragen diese drei Worte,

drei Aussagen vereint zu einer, in sich

Ich liebe

Dich …

Mich …

Uns.

Regenbogen

Wenn Du ganz achtsam lauschst,

kannst Du meine Gedanken,

wie einen leichten Lufthauch,

auf deiner Haut spüren.

Wenn Du still deine Augen schließt,

kannst Du meine Gefühle,

wie eine zarte Melodie, in dir erkennen.

Wenn Du tief in dich versunken bist,

kannst Du meine Worte für dich

in all den Farben der Liebe erkennen.

Wenn Du achtsam in deinen Träumen lebst,

wirst Du den Weg zu jenem Regenbogen finden,

der dort endet, wo meine Sehnsucht auf dich wartet.

Immer da

Und immer bin ich da,

bleibe ich, wenn auch

nicht sichtbar, so doch

immer an deiner Seite,

meine Hand dich aufzufangen

ist immer bei dir.

Wenn Du in deiner

Stille bist, in dich fühlst,

dich einfach fallen lässt

und in dich hörst,

kannst Du im Herzen spüren,

wie meine Seele die deine

liebevoll umarmt.

Du weißt genau

Du weißt es …

weißt es ganz genau …

tief in dir …

dass deine Seele die meine trägt …

und ich die deine …

dass ich die Welt auch durch deine Augen sehe …

und Du die deine durch mich erfühlen kannst …

Du weißt, dass wir abwechselnd füreinander

sanfter Mondschein und wärmendes Sonnenlicht sind …

die Unwetter des einen auch am Himmel des anderen aufziehen.

Du weißt, dass wir Gott und Göttin unserer Liebe sind.

Du fühlst es …

fühlst es deutlich …

tief im Herzen …

dass ich all dies bin,

was Du in dir versteckst und es doch suchst …

ich weiß, dass Du all das in dir trägst,

was Ich an mir vermisse …

Du hörst sie …

hörst sie stumm vibrieren in dir …

die Melodie die uns verbindet …

das Lied der Liebe,

das nur wir gemeinsam singen können.

Du weißt es …

weißt es ganz genau …

tief in dir …

dass wir, wenn auch getrennt,

immer gemeinsam fühlend einen Weg gehen.

Und manchmal

Und manchmal, so wie jetzt …

sitze ich hier und horche still …

lausche den Klängen deiner Seele …

fühle den Hauch deiner Liebe …

so kurz nur … so unsagbar zart …

und ich lausche voller Ehrfurcht …

und ich gebe dir all mein Fühlen …

sende dir all meine Liebe … ganz sanft …

die Dauer eines Flügelschlags nur …

berühre ich federleicht dein Gesicht …

lasse so meinen gefühlten Gruß bei dir …

Ich weiß, Du fühlst mich … sanft … zart …

so kurz … und doch gefühlt für die Ewigkeit.

Unvermutet

Unvermutet schaust Du in ein Augenpaar,

und erkennst darin auch dich selbst,

die Welt um euch ist ausgeblendet.

Es öffnet sich der Zugang zum Quell einer uralten Liebe,

und tief in dir wird schlagartig deutlich,

wonach sich deine Seele all die Jahre gesehnt hat.

All die verdrängte Sehnsucht in deinem Inneren

bekommt, wie aus heiterem Himmel, ein Gesicht.

Deine Welt ändert sich von einer Sekunde zur anderen,

denn zwei uralte Seelen reichen sich in Liebe die Hände.

Uralte Seelen

Wenn sich die Blicke

von zwei uralten Seelen das erste Mal treffen,

haben beide das Gefühl,

das Universum würde nur für sie stillstehen.

Aus jeder Faser des Körpers

steigen die Erinnerungen empor und machen wortlos …

beide bestehen in diesem kurzen Moment

nur noch aus Gefühl und Sprachlosigkeit.

Das sind die Momente, die ein Leben verändern,

denn man fühlt danach nie wieder so wie vorher.

Magische Momente

Ganz plötzlich,

mitten in dem, was ich gerade tue,

einen Moment innehalten

… weil ich dich bei mir spüre

… deine Hand sanft in der meinen fühle

… und kurz genieße, wie deine Liebe in mir schwingt

… diese Momente, wenn unsere Seelen sich sanft begrüßen

… ein kurzer Moment, der mir sagt, Du bist immer bei mir

… das ist die Magie unserer Liebe.

Laute Gefühle

Dann gibt es diese Tage,

an denen die Gefühle so laut sprechen,

dass sie alles in dir übertönen …

sie einfach alles überlagern,

Du auch die Gefühle des anderen einfach überall wahrnimmst,

ja, richtig fühlst …

und Du sie nur noch abstellen möchtest,

aber nicht weißt, wie …

dann bleibt dir nur, sie einfach zuzulassen und ihnen damit die

extreme Energie zu nehmen.

Lasse sie zu, schaue sie an, analysiere sie, wenn Du magst,

aber beschäftige dich bewusst mit ihnen …

schaue sie von allen Seiten an.

Fühle sie, sehe sie, höre sie, schreibe sie auf,

zeichne sie, oder tanze sie ganz einfach …

so nimmst Du ihnen diese starke Energie …

nur so können sie Teil von dir selbst werden

und so den Weg in deine innere Stille finden …

um sich dort Gefühl an Gefühl anzulehnen

und ruhiger zu werden …

an manchen Tagen ist dies einfach so.

Nehme sie an, als besonders Zeiten,

in welchen die Energien von Euch beiden

sich auf so zauberhaft Art verbinden dürfen.

Ich ehre dich

Ich ehre dich in all deinem Sein …

ich respektiere dich, wie Du bist …

ich sehe keine Fehler in dir …

denn Du bist vollkommen, wie du bist.

Ich liebe dich mit all deinen Nuancen …

mit all deinen Seelenwünschen …

mit all dem, was dich ausmacht …

mit allem deinem Licht und jedem deiner Schatten.

Ebenso wie ich mich ehre, respektiere und liebe …

mit allem, was mich ausmacht und vollkommen sein lässt …

mit allen Licht und Schattenseiten in meinem Sein.

Ich ehre dich in dir als eigenständige Seele …

ich ehre mich in mir als eigenständige Seele …

ich ehre uns als gemeinsames Ganzes in allem Sein.

Sehnsucht

Sehnsucht nach jemanden, den man nicht kennt …

aber wissend, er ist trotzdem bei dir.

Heimweh nach einer Beziehung,

von der man weiß, sie könnte sein …

aber immer noch suchend nach ihm.

Inneres Wünschen

von Gemeinsamkeit und Zusammensein …

und wissen sie ist schon immer da.

Voller Liebe für den Einen …

wissend, er fühlt trotz der Entfernung das Gleiche.

Zulassen all dieser Gefühle …

in der Gewissheit, sie sind euer Magnet zueinander.

Tiefes Vertrauen in den eigenen Weg …

denn er führt Euch an das Ziel Eurer Sehnsucht.

Ohne Worte

Wenn ein Mensch da ist,

der dich ohne Worte versteht,

in deinen Blicken und Gesten lesen kann,

und die gleichen Gefühle spürt.

Wenn auch Du die Sprache

seiner Blicke und seiner Seele kennst,

wie in einem offen Buch darin liest,

nichts gesagt werden muss,

da einer weiß, was den anderen bewegt.

Wenn euer beider Energien

sich auch über die Entfernung berühren,

dann haben sich zwei Seelengefährten gefunden.

Ein kostbares Geschenk

des Lebens und der Liebe.

Gefühl der Nähe

Dieses Gefühl der Nähe, ohne sich zu kennen,

… diese immerwährende Verbundenheit in der Seele,

… das Spüren des anderen, ohne zu wissen, wo er ist,

… die Geborgenheit im Wissen, über alle Entfernung

geliebt zu werden,

… im Herzen zu glauben, trotz aller Zweifel des Verstandes,

… und die sichere Ahnung, den anderen zu finden,

wenn die Zeit gekommen ist,

… all dies ist die Magie der Liebe zwischen zwei uralten Seelen,

eine Magie, die seit ewigen Zeiten

beide Seelenanteile immer wieder vereint.

Mein wahrer Name

Heimat meines Herzens ist dort,

wo Du mich meines wahren Namens taufst …

den Namen, den ich schon immer in deinem Inneren trage …

den Namen, den ich vor Urzeiten

in deiner Seele als Ahnung hinterlassen habe …

den Namen, der tief als Fingerabdruck

in deinem Herzen eingraviert wurde …

direkt neben jenen Namen,

dessen ich dich einst voller Liebe taufte …

und so stehen unserer beider Namen

umarmt im Herzen eines jeden von uns …

jene Namen. die nur Du und Ich uns fühlend

einander auf die Haut zeichnen können.

All dies Fühlen

Und dann kommt dieser wundervolle Mensch in dein Leben …

der dir zeigt. wie einfach

und bedingungslos man glücklich sein kann …

wo Du jede Nacht

mehrmals aufwachst. weil das Fühlen so stark ist …

nur um dann mit einem glücklichen

und wissenden Lächeln wieder einzuschlafen …

der dir jeden Tag schon vor dem Aufwachen

ein Strahlen in die Augen zaubert …

mit dem sich, egal, wo, und egal, wer er ist,

einfach alles richtig und frei und so gut anfühlt …

und Du weißt tief in deinem Herzen,

alles bisher Erlebte war nur der Weg zu diesem Ziel.

Meine innere Stille

Ich suche meine innere Stille,

jene, die nur mir gehörte,

jene Stille, in der ich mich alleine fand,

mein geheimer Rückzugsort.

Dieser Raum ist nicht mehr leer,

überall hallt das Echo dieser Gefühle,

schallt von allen Wänden in meine Mitte hinein.

In meinem heiligen Raum bin nicht mehr nur Ich,

er wurde erobert,

eingenommen,

ausgefüllt.

Mir bleibt nur, dieser gemeinsame Stille zuzuhören,

und während ich lausche und fühle,

komme ich wieder in meiner Stille an.

Unendlich tiefe Liebe

Außer meiner unendlich tiefen Liebe,

ist alles, was ich dir im Moment geben kann,

diese Zeiten der Stille, in denen ich ganz bei dir bin.

Dort, in diesem stillen Raum, kannst Du mich aufsuchen.

Nichts anderes zählt dann, nur dieses Fühlen und Lauschen.

Es sind jene Momente, die mich in ihrer Unendlichkeit

und ihrer Tiefe einfach nur ruhig werden lassen,

die mich zu dir bringen und in denen ich dir so nahe bin.

Und ich bin dann voller Ehrfurcht darüber,

wie weit die Liebe ihre zarten Flügel ausbreiten

und mich über all die Entfernung auch körperlich berühren kann.

Und immer öfter bin ich still … fühle … lausche … liebe.

Fallen lassen

Und dann kommt plötzlich dieser Mensch in dein Leben,

der alles Schlafende in dir wieder zum Leben erweckt …

und dir wird klar, was Du bisher gesucht und vermisst hast.

Derjenige, der dir das Gefühl gibt,

dass Du dich fallen lassen kannst …

ohne Angst … ohne Wenn und Aber …

Du lässt dich einfach vertrauensvoll fallen …

fühlst dich aufgefangen und geborgen …

und Du findest all das, wonach dein Herz auf der Suche war …

aber ganz besonders findest durch ihn auch dich selbst wieder.

Wenn Ich still bin

Wenn ich wieder einmal still bin, so liegt es nur daran,

dass mich die Gefühle überschwemmen wie eine Welle

… ich so wortlos glücklich bin, dich lieben zu dürfen

… ich einfach keine Worte finden zu beschreiben, was ich fühle

… ich einfach in uns zufrieden bin und liebe

… ich dich einfach nur bei mir fühlen möchte

… ich in meinem Herzen auf dich warte

um deine Seele zu umarmen.

Der eine Moment

Ein Moment, der mein Leben verändert hat …

Augenblicke, die mir neue Richtungen zeigten …

Sekunden, die mich für immer veränderten …

Der Flügelschlag des Moments wurde

zur Zeitreise in die Unendlichkeit …

Liebe setzt jegliches Zeitgefühl außer Kraft …

tauscht Zeit gegen Fühlen und Sehnen aus …

reißt mich mitten am Tag mit auf Traumreisen …

in denen ich dir nahe bin und doch so fern …

Momente, die für immer bei mir bleiben …

alles erfahren durch Dich …

Sekunde um Sekunde hast Du mich verändert …

die wahre Liebe in mir befreit …

die ewig Liebende in mir wiedererweckt.

Wo es hinführt … Ich weiß es nicht …

möchte nicht mehr hoffen … Träume nur …

halte liebevoll diese Momente bei mir …

tief im Herzen haben sie ihr Zuhause.

Vielleicht erreicht auch dich dieser Moment …

der kurze Flügelschlag der Zeit …

der in die Unendlichkeit der Liebe führt.

Denn so veränderlich die Zeit

für mich im Moment auch sein mag …

sie trägt immer noch den Funken der Hoffnung in meine Seele.

Ich dachte zu wissen was Liebe ist

Ich dachte immer, ich weiß was Liebe ist …

aber erst seit Du in meinem Leben bist,

ist die wahre Bedeutung der Liebe in mir erwacht.

Alles, was ich vorher liebte und erlebte,

war nur die Vorbereitung auf dieses Jetzt und Hier.

Dieses einfach nur fühlen wollen …

einfach nur sein und in mich spüren,

da ich dort auch immer dich finde.

Dieses Bedürfnis, nichts fragen oder wissen zu wollen,

was in deinem Leben war,

was Du tust oder getan hast,

wer Du bist,

wie Du ausschaust,

welche Schwächen Du hast,

es ist nicht wichtig, hat keine Bedeutung …

denn alles, was ich wissen muss,

fühle ich in mir … in dir.

Ich will nur deine wahre Essenz fühlen …

alles andere ist für mich ohne Belang …

denn ich erahne, dass all dies, was ich nicht wissen will,

schon lange in mir seine Heimat hat und mich so zu dir führte …

um zu ergänzen, was vielleicht schon

in dir seine Heimat gefunden hat.

Atemlos still

Still werden in mir …

der Stille lauschend …

einfach sein …

Sein in mir selbst …

und immer dich dort findend …

dich in meiner Seele fühlend …

in jedem Herzschlag dein Sein spüren …

einfach lieben … annehmen … geben …

atemlos die Ewigkeit betreten.

Dein Herz

Weil ich weiß,

wie verletzt und zerbrechlich dein Herz ist …

lege ich dir in unseren Träumen

eine sanfte Spur meiner Liebe von Herz zu Herz …

geduldig warte ich,

bis Du bereit bist, um der Spur zu folgen …

warte auf den ersten kleinen Schritt von dir …

um tausende von Schritten

mit dir gemeinsam zu gehen.

Nahekommen

Ich will dir nur so nahekommen,

wie Du es zulassen kannst …

ich weiß um deine Verletzlichkeit …

erahne alles, was einmal war …

fühle deine Ängste, die auch die meinen sind.

Ich bin einfach nur da …

fühlend bei dir …

immer tiefer liebend …

gehe nicht weiter als gewünscht …

aber weiche auch nicht zurück …

nicht vor deinen …

nicht vor meinen Ängsten.

Ich fühle dich in meiner Seele …

habe ertastet, was dich bedrückt …

es erfüllt auch mich, und doch …

ich stehe geduldig in unserem Licht …

und tauchte in unsere Dunkelheit …

deine Finsternis ist auch die meine …

mich schreckt nichts, was ich dort vorfinde …

weder die Dunkelheit, noch das Licht.

Ich werde dir nie näher kommen

als Du es möchtest …

ich bin bei mir selbst …

somit auch bei dir …

wenn Du möchtest …

komm nah zu mir heran …

ich weiche nicht zurück …

und wir können uns fallen lassen …

in unsere Schatten … in unser Licht …

in unser Meer der Ängste …

in unser Universum Liebe.

Unbekanntes

Mit dir ist mir so viel Unbekanntes begegnet …

aber tief in mir … ganz tief … wohlbekannt,

kann ich immer die Resonanz auf Altbekanntes spüren.

Verstaubte Erinnerungen, glückliche … schmerzliche.

Freude und Tränen mischten sich in meinen Tiefen …

Wollen und Weglaufen gaben sich die Hand.

Tiefverwurzelte Erlebnisse bahnten sich nach oben …

immer öfter …

immer deutlicher …

immer klarer die Bilder.

Und so oft durfte ich entscheiden, was ich fühlen will.

Altes Vertrautes …

Neues Lockendes …

oder ist es nur das uralte im neuen Gewand?

Und Stück für Stück spüre ich das Echo von früher.

Zeiten voller Glück mit denen des Schmerzes wechselnd …

fremdartige Bilder und Szenen im ständigen Wechsel …

und doch spüre ich …

dies war und ist Realität.

Und so wagte ich mich zurück Jahr um Jahr …

Leben um Leben …

viele Tode sterbend …

immer wieder neu auferstehend …

um dann ganz am Ende wieder am Anfang anzukommen.

Und hier stehe ich nun, reingewaschen von allen Ängsten,

nur noch Liebe fühlend und im Vertrauen geborgen,

eine uralte Seele und doch immer wieder neugeboren …

die weiß, dass sie nichts entscheiden muss, sondern einfach

mit weit offenem Herzen den Weg der Liebe annehmen darf.

Still geworden

Still geworden im Herzen …

still geworden in der Seele …

kein Gefühl des Suchens mehr in mir …

kein Zweifel, kein festhalten wollen …

nur Liebe, Vertrauen und fließen lassen.

Beständig das Gefühl der Liebe …

so eng mit mir verbunden …

kein negativer Gedanke hat dazwischen Raum …

nur das Fühlen, Lieben und Vertrauen.

So vieles hat sich gewandelt …

so rasch, in so kurzer Zeit …

als sei alles, was schon in mir vorhanden …

im Augenblick deines Erkennens erwacht.

Sekunden im Laufe meiner Zeit …

verwandelt in das Gefühl der Unendlichkeit.

Mein Stern

Als ich dich, meinen Stern, entdeckte,

passierte so vieles in mir.

Gefühle, die mir den Atem rauben …

Glück, das mich wortlos macht …

Liebe, die mein Inneres still werden lässt …

Sehnsucht, die mich ruhig werden lässt …

All dies finde ich in dir …

und verliere mich darin,

um dich in meiner Seele wiederzufinden.

Du hast mein Herz so leise gemacht,

dass ich die Sehnsucht hören kann,

deine Nähe spüre, dich hier fühle …

mich ganz fühle …

ich vollkommen im Vertrauen bin …

mich fallen lasse in all diese Gefühle für dich.

Magie des Herzens

Du hast die Magie meines Herzens wiedererweckt.

Bringst meine Seele zum Tanzen …

hast meinem Herzen einen neuen Takt hinzugefügt …

versetzt mein Inneres in eine liebevolle Schwingung …

hast mir geholfen, den letzten Schritt zur inneren Ruhe zu gehen.

Die Göttin in mir nimmt dich liebevoll da auf,

wo sie anderen den Zutritt verweigerte …

ohne Bedingungen …

ohne Forderungen …

voller Vertrauen …

dich umarmen, ohne dich festhalten zu wollen …

einfach nur diese Magie fühlend.

Ich danke dir für dein Sein.

Dich zu lieben

Dich zu lieben bedeutet für mich …

dich loslassen und doch bei dir sein.

Dich sein lassen, wie Du bist, denn genauso liebe ich dich.

Nicht festhalten und dir doch Halt geben.

Dich immer liebend und doch immer bei mir bleiben.

Von dir lernen und doch meine Meinung vertreten.

Meinen Weg beschreiten und doch nicht weggehen.

In dir versinken, aber immer ich selbst sein.

Meine Sehnsucht zulassen, ohne mich dabei zu verlieren.

Einfach nur lieben,

ohne etwas zu erwarten oder in die Zukunft zu planen.

Ich sehe dich mit meiner Liebe

Egal, was andere in dir sehen oder ablehnen …

ich sehe dich mit meinem Herzen.

Egal, was Du nach Außen scheinst …

ich erkenne die Schönheit deiner Seele.

Egal, wie viele Schatten dich begleiten …

ich bin geblendet vom Leuchten der Liebe in dir.

Egal, wie oft Du dich in dich selbst zurückziehst …

ich fühle deine Verletzlichkeit und Sanftmut.

Egal, wie schweigsam Du manchmal nach Außen bist …

Ich erkenne die Tiefe und Weisheit deiner Seele.

Egal, wie ablehnend Du manchmal der Welt gegenüber bist …

ich spüre die Liebe, nach der Du sich sehnst.

Egal, welche Fassade Du aufgebaut hast,

oder wie Du handelst …

ich sehe dich einzig nur mit den Augen meiner Liebe.

Wenn Du mich suchst

Wenn Du mich suchst,

dann fühle zuerst dich in dir selbst und in unserer Stille,

dort erkennst Du mich und findest mich so auch im Außen.

In all dem Ungesagten zwischen uns

ist meine Seele in dir verborgen.

Suche in deinen Gefühlen und finde mich in deiner Sehnsucht.

Dort, tief in dir selbst, bin ich seit Urzeiten zuhause,

so wie Du in mir, hier steht der heilige Gral unserer Liebe,

leuchten unsere Herzen schon immer gemeinsam.

Hier steht meine Seele vor dir,

bereit, dich zu umarmen … sich in dich fallen zu lassen

Hier … in dir, warte ich …

um erkannt und ins Außen getragen zu werden.

Gefunden

Als ich dich, ohne es zu wollen, gefunden habe,

verlor ich mich in dir ganz unbewusst.

In mir wuchs Hoffnung und Sehnsucht

ins Grenzenlose hinein,

unerkannt von dir,

stehe ich hier mit mir alleine,

verborgen hinter dem Schleier meiner Liebe,

laut schreiende Stille im Herzen,

die Stimme der Sehnsucht übertönt alles.

Du siehst mich nicht

so, wie ich dich mit dem Herzen,

nur mit deinen Augen erfasst Du mein zaghaftes Scheinen,

und doch übersiehst Du die Liebe, die für dich leuchtet,

die deine Dunkelheit erhellen möchte.

Bist zu beschäftigt, dich selbst

und diese unbeschreibliche Liebe zu finden.

Suchst in der Ferne,

suchst in jedem Gesicht

und so verlor ich mich fast ganz

in dem Wunsch, von dir erkannt zu werden.

So verloren in dir, mich selbst nicht mehr sehend,

bleibt mir nur noch umzudrehen und loszugehen.

Nur einen neuen, wenn auch ungewissen Weg wagen,

kann mich wieder zu mir selbst führen,

zurück zu der Liebe in mir selbst,

die mir immer Halt und Freude war.

Doch mein Liebe hinterlässt dir ein Leuchten,

wenn Du hinschaust, erkennst Du meine Spuren,

die deinen Weg immer begleiten werden,

Wegweiser zu mir sind, so Du willst.

Während ich weiter in eine neue Richtung gehe,

um mich selbst wiederzufinden,

dich immer im Herzen tragend,

neue Welten, Menschen und mich selbst wiederentdecke,

mich selbst wieder neu erfinde,

verweht mit der Zeit die Hoffnung,

wie Sand im Wüstenwind.

Sehnsucht und Liebe wird immer bleiben,

sie wollen dir deinen Weg erleuchten,

bis auch Du dich selbst gefunden hast.

Der Moment

In dem Moment, da ich dich erkannte …

dieser Augenblick, da Du mich gefunden …

hoben sich sanft die letzten Schleier von unseren Seelen …

wir standen voreinander … Seele vor Seele …

unschuldig … unverhüllt … wie neugeboren …

und doch nur wieder aufs Neue entdeckt …

nichts gab es mehr zu verstecken …

nichts zu sagen oder zu deuten …

da alles so vertraut und dem anderen bekannt war…

und meine Hand legte sich voller Vertrauen und Liebe in die deine.

Das endlos lange Tal

Ich bin hindurchgegangen,

durch dieses tiefe, endlos lange Tal

der Tränen

und des Schmerzes.

Ich habe es durchquert,

mit allen Konsequenzen,

mit all dem Leid.

Ich habe es …

durchlaufen

durchlitten

erfahren

erfühlt

in jeder meiner Fasern.

Ich habe diese Erfahrung

willkommen geheißen

verinnerlicht

geliebt

beweint

verflucht

weggeschleudert,

wieder angenommen

und bin doch auf dem Weg geblieben.

Und nun stehe ich hier,

nackt in der Seele,

gereift

gewachsen

geschliffen

mir selbst bewusst

und, ja, erleuchtet …

genauso stehe ich hier …

nicht wartend

nicht fordernd

nicht verlangend

nur liebend …

am Ende dieses Weges.

Und nun gebe ich die Wegbeschreibung

durch das Tal der Liebe an dich ab,

denn dies ist nicht mehr mein Weg,

denn ich bin ihn mit allen Konsequenzen gegangen,

nicht mehr mein Schmerz,

denn ich habe ihn gefühlt und verinnerlicht,

bis zum Zusammenbrechen und Wiederauferstehen.

Er durfte gehen, der Schmerz.

Ich bin am Ziel …

ruhend in der Liebe und mir selbst.

Auf diesen Weg hast Du mich geschubst,

und nun kann ich mit nichts Geringerem zufrieden sein,

als der wahren Liebe.

Und nur wenn Du bereit bist,

dem Weg des Herzens zu folgen,

dem Pfad, der den Schmerz in dir aufwühlt

und durch deine Tränen reinwäscht,

ist deine Seele auch bereit und nackt genug,

diese reine Liebe von mir anzunehmen.

Wer Ich bin

Was oder Wer bin ich …

wer will ich sein … für mich … für dich …

wen von uns fühle ich und wen lebe ich gerade …

bin ich die, welche ich sein will,

oder spiegele ich nur für dich …

fühle ich immer nur mich …

oder schwimme ich zu oft in deinen Wellen …

siehst Du mich so, wie ich bin …

schaust Du hinter meinen Schleier der Liebe zu Dir.

Wer Ich bin, weiß ich im tiefsten meiner Seele …

Ich bin jene, welche ich jede Sekunde lebe …

jene, die in der Liebe schwimmt …

ich bin das Wechselspiel meiner Gefühle …

doch wer ich für dich bin, ist in dir verborgen.

Wie alles, so bin auch ich stets im Wandel,

immer ich selbst …

aber nie die Gleiche …

immer ruhend in mir …

und doch auch oft in meinen Stürmen zuhause …

manchmal still, fast unsichtbar deinen Spuren folgend …

manchmal auf den Wellen meiner Gefühle dir zuwinkend.

Einmal bin ich Tag und einmal Nacht …

manchmal werfe ich dir in meinem Wandel Schatten …

und doch erleuchte ich dir in Liebe deinen Weg.

Manchmal sitze ich weinend in meiner Sehnsucht …

um plötzlich wieder strahlend zu unserer Melodie zu tanzen …

beständig im Wechsel … beständig ich selbst.

Eine liebende Seele bin Ich …

liebend, suchend, lachend, weinend …

mal oben und mal unten …

und doch, immer bei mir … immer bei dir … immer in uns.

Ständig durch die Liebe verwandelt …

lebe einzig nach meinem Gefühl …

mal bin ich laut singend und tanzend …

mal bin ich still und in mir suchend …

mal bin ich für dich sichtbar …

mal bin ich hinter unseren Schleiern verborgen …

und doch immer fühlbar für dich.

Schau hin, fühle in dich …

tauche in deine Veränderungen …

auch Du bist beständig im Wandel …

mal Tag und mal Nacht …

mal Tränen und Tanz im Wechsel …

und doch immer bei dir … immer bei mir … immer in uns.

Dort bin ich verborgen und zuhause … im Wandel deiner Selbst.

Wellen der Sehnsucht

Und noch immer tragen mich deine Worte

durch die Wellen der Sehnsucht …

meist in der Nacht noch,

sobald ich die Augen schließe,

wispern deine Worte durch mein Sein,

erschüttern, was heilen will.

Bilder, was hätte sein können, wechseln mit denen des Moments,

erinnern mich daran, wie still Du

in meinem Leben erschienen bist,

und wie leise Du dich wieder rückwärts

aus meinem Sein bewegt hast.

Nur deine leise Stimme und deine Worte hast Du zurückgelassen,

die in meinen stillen Momenten so vertraut in mir erklingen.

Ohne Worte

Manches beginnt ohne Worte,

weil einfach nur Gefühle sprechen,

und gewinnt durch die Stille

noch an Tiefe und Kraft.

Da, wo die Liebe beginnt,

haben Worte keine Aussagekraft mehr,

soll das Herz nur sprechen.

Und so fühle ich in deine Seele

und höre mit dem Herzen,

was nicht gesprochen werden kann.

Die Suche

Schon immer trug ich dich im Herzen …

als leise Ahnung und Flüstern der Seele …

suchte so viele Jahre,

ohne zu wissen, nach was …

sehnte mich so lange Zeit …

ohne benennen zu können, wonach …

erkannte mich in jeder Beziehung neu …

und doch … es blieb diese Leere …

die Sehnsucht … das Flüstern …

auf all diesen Pfaden und Irrgängen …

war ich auf dem Weg zu mir selbst …

fand Stück um Stück mein wahres Ich …

doch erst, als dieses Flüstern und Sehnen

dein Gesicht … deine Stimme bekam …

hörte die Suche auf … erst da wurde ich Ganz.

Ich schrieb immer nur für dich

Und ich schrieb all die Zeit nur für dich …

Jeder Buchstabe eine Vorahnung deines Seins …

Jedes Wort eine Erklärung an eine unermessliche Liebe …

jeder Satz in Verehrung und Achtung für unsere Herzen …

jede Zeile eine Liebeserklärung an dich, noch bevor ich dich sah …

eine Geschichte in die Zukunft hineingeschrieben.

Und als Du dann da warst, gab es keine Worte mehr …

da alles schon über Jahre Gestalt auf dem Papier bekam …

und all die Zeit schrieb ich nur Verborgenes nach außen …

schrieb nur, was vor Äonen schon beschlossen ward …

zeichnete Zeile um Zeile auf, was unausweichlich war …

und nun lassen wir die Handschrift der Liebe

diese Texte vollenden.

Zu schwach um zu bleiben

Ich bin zu schwach, um zu bleiben …

und doch zu stark, um zu gehen.

Dieses Fühlen und Empfinden

unserer Seelen noch zu lebendig in mir,

lässt mich fallen und wiederaufstehen.

Und doch lässt immer wieder

meine innere Sicherheit,

via deiner Zerrissenheit …

meine Schwäche gegen meine

Stärke gewinnen.

Und so stehe ich immer noch

fest verankert,

und lerne mit der Zeit,

dass Schwäche auch Stärke bedeuten kann.

Wenige Zeilen entfernt

Und immer waren wir nur

einige wenige Zeilen voneinander entfernt …

und immer schrieb meine Seele Wort an Wort …

Zeile unter Zeile … einen Absatz nach dem anderen.

Und so nahe dabei,

schrieb deine Seele ihre Worte mit der meinen mit …

immer nur wenige Zeilen voneinander,

doch akkurat einander begleitend.

Wort, so liebevoll passend,

neben Wort zu ganzen Zeilen der Liebe gereiht.

Doch irgendwann verloren wir uns

in einem Kapitel aus der Vergangenheit …

Altes wollte vom Dunkel ins Licht,

beachtet und angenommen werden.

Fühlen kann ich es nun in mir,

mit jedem von dir ungeschriebenen Wort …

dass nur einige wenige Zeilen,

so nah beieinander und doch unendlich weit entfernt,

die Einheit des so liebevoll Geschriebenen

sich zu trennen beginnt …

und wohl ein jeder sich mit seinen Worten

in ein neues, eigenes Kapitel schreibt.

All diese Texte

Und all diese Texte sind geschrieben nur für Dich.

Und ich schrieb sie schon lange bevor ich dich

in diesem Leben gefunden habe …

schrieb sie so, als wärst Du schon Teil meines Daseins …

schrieb von der Zukunft, die tief in uns verborgen ist.

Jene Zukunft, die in der Vergangenheit von uns gewählt wurde,

und nun auf ihr Erwachen wartet.

Geschichten aus uralten Zeiten neu formuliert,

neu vertont, zu neuem Leben erweckt.

Die Liebe zu dir füllt Seite um Seite der leeren Blätter,

erleichtert mein überfließendes Herz

und trägt so meine Liebe zu dir.

In jedes Wort fließt die Hoffnung mit ein,

dass Du dich zwischen den Zeilen erkennen mögest,

die alten Bande siehst, die uns schon so lange verbinden.

Hinter jeder Zeile reiche ich dir meine Hand,

bitte dich, sie wieder zu ergreifen

und sie voller Vertrauen festzuhalten … so wie damals.

Aus jedem Buchstaben leuchtet dir meine Liebe

in dem Glauben, dass sie mir eines Tages,

wie Sterne in deinen Augen, wieder leuchten wird.

Und so werde ich wohl weiterschreiben,

bis ich in dir wiedererwacht bin,

bis Du nicht nur dich in meinen Zeilen,

sondern auch mich in deinem Herzen wiedererkennst.

Weitere Bücher von mir bei Amazon:

Die Krieger der Herzen

Der Weg der Liebe und zu sich selbst ist nicht der einfachste, denn er verlangt, dass man ihm mit ganzem Herzen folgt. Doch es ist eine Reise, die uns zeigt, auf was es im Leben wirklich ankommt. Und so mancher Kampf findet auf ganz anderen Ebenen statt. Tauchen Sie mit mir in die Welt der Krieger der Herzen, lassen Sie sich entführen, berühren und verzaubern.

Worte der Liebe

Worte der Liebe sind die, die tief im Herzen treffen, einem Flügel verleihen und einen spüren lassen, dass man lebt. Lass dich zwischen den Zeilen verführen und berühren.

Seelenliebe: Worte von Seele zu Seele

Worte der Liebe von Seele zu Seele geschrieben. Gefühlvolle Wortgefüge über das Auf und Ab der Gefühle einer tiefen Seelenliebe. Die Autorin beschreibt in kurze Texte gefasst, wie eine solche Liebe gefühlt und erlebt wird.

Direkt aus dem Leben

Das Leben hat viele Facetten, die mit ihren leuchtenden Farben einen wunderschönen Regenbogen ergeben, an dessen Ende man das Glück im Sein und vielleicht auch diese eine einzigartige Liebe findet.

Kartenlegen mit Skatkarten

Wer die Königin der Karten beherrscht, dem eröffnet sich das Universum der Antworten: Das Skatdeck ist eines der ältesten, einfachsten und gleichzeitig aussagekräftigsten Decks, das unter anderem die Basis der Lenormandkarten bildet. Ob alltägliche Fragen oder komplexe Sachverhalte - tauche ein in diese einzigartige Welt des Wissens. Skatkarten sind neben vielen anderen Decks seit über fünfundzwanzig Jahren mein treuer Begleiter und haben mir und meinen Klienten unzählige Antworten gegeben. In diesem Ratgeber möchte ich dich an meinem Wissen teilhaben lassen. Neben der ausführlichen Beschreibung jeder einzelnen Karte erkläre ich dir In verschiedenen Kapiteln die Kombinationen der Karten miteinander, die Tageskarten und Signifikatoren, Zeiten und Entfernungen sowie gesundheitliche Aspekte. Vier Legearten und eine ausführliche Beispiellegung vervollständigen diesen Ratgeber, der dir das Wissen mitteilt, um ausführliche Legungen für dich und jede andere Person zu praktizieren.

Erika Flickinger
Dualseelen.org
kartenlegen-beratung.com

Emailadresse zur Kontaktaufnahme:
dualseelen.beratung@hotmail.com

13470862R00065

Printed in Poland
by Amazon Fulfillment
Poland Sp. z o.o., Wrocław